U0112545

闽人智慧

平潭卷

言之有理

中共福建省委宣传部
中共福建省委讲师团 编

海峡出版发行集团
福建人民出版社

# "闽人智慧：言之有理"丛书编委会

# 目录

# 信念篇

主要收录有关理想、信念、立志、自强的民谚、俗语。

扫码听音

# 扛石靠力气，
做事靠志气

【句意】 扛石头靠的是力气，做事情则要靠志气。

【运用】 用于表达干事创业的关键因素就是要树立远大志向。

**平潭方言**

# 草没根𣍐勃芽，
# 人没志𣍐成家

扫码听音

【注释】　勃：生长；𣍐：不，不会。

【句意】　草如果没有根就不会发芽，人没有志气
　　　　　就不能成名成家。

【运用】　用于表达立志是为人、成家、立业的根本。

平潭方言

扫码听音

# 没志是小人，
# 十事九不成

【句意】　做人没有志气是小人，这样的人干十件
事会有九件事都干不成。

【运用】　用于从反面说明立志对干事创业的重要性。

平潭方言

# 命长有嬷做

扫码听音

【注释】　命长：寿命长；嬷：奶奶。

【句意】　寿命长的人总有机会当奶奶。

【运用】　用诙谐的口吻表达只要坚守理想信念，持续努力，总有机会实现愿望。

扫码听音

# 成人獪惊苦，
# 惊苦獪成人

【注释】 獪：不，不会；惊：怕。

【句意】 要长大成人就必须不怕吃苦，如果怕苦就难以长大成人。

【运用】 用于表达不经艰险，不历考验，难成大器。

平潭方言

# 人那没志，
# 就𣍐成器

扫码听音

【注释】　那：如果；𣍐：不，不会；器：人才。

【句意】　人如果没有志气，就不能成为有用的人。

【运用】　用于说明立志对成才的重要性。

平潭方言

扫码听音

# 卟想捕大鱼，
# 隆惊风浪大

【注释】　卟：要；隆：不，不要；惊：害怕。

【句意】　要想捕到大鱼，就不要怕海上风浪大。

【运用】　用于表达欲成大事者，要有胆识和魄力，
　　　　　做好面对重大风险挑战的心理准备。

平潭方言

# 有心拍石石会穿

扫码听音

【注释】　拍：打；穿：破，透。

【句意】　用心击打石头，石头也会被打穿的。

【运用】　比喻只要有恒心，不断努力，就一定能获得成功。意同"滴水石穿""世上无难事，只怕有心人"。

扫码听音

# 卜做元帅头着戳銎

【注释】 卜：想；元帅：元帅公，一种泥菩萨；銎：窟窿。

【句意】 想做元帅公，脑袋就得凿个窟窿。

【运用】 用于表达想出类拔萃就必须做好历经磨难的心理准备。

## 平潭方言

# 做鲎桸嬒惊乞汤烫

扫码听音

【注释】 鲎桸：鲎壳做的勺子；嬒：不；惊：害怕；
乞：被，给。

【句意】 做鲎桸就不要怕被热水烫。

【运用】 用于比喻成大事者要经得起考验、不惧
磨难。

扫码听音

# 靠亲靠戚，
# 目滓会滴

【注释】 目滓：眼泪；目滓会滴：伤心落泪，比
喻生活难以为继。

【句意】 依靠亲戚朋友接济，家庭生活难免不周
全，一旦他们无法接济时，生活就会难
以为继。

【运用】 用于表达要自立自强，不要倚靠别人。

# 上半暝肖鸡，
# 下半暝肖鸭

扫码听音

【注释】　上半暝：上半夜；肖鸡：属鸡；下半暝：
　　　　　下半夜；肖鸭：属鸭。

【句意】　上半夜属鸡，下半夜又变成属鸭。

【运用】　用于讽喻为人做事反复无常，或人无
　　　　　恒志。

主要收录有关方向、立场、站位的民谚、俗语。

扫码听音

# 食人饭，
# 替人传

---

【注释】　传：做事。

【句意】　吃别人的饭，要替别人做事情。

【运用】　用于表达应坚定立场，勤勉工作。

平潭方言

# 三股索狯受盈

扫码听音

【注释】　狯：不，不会；受盈：拉得紧。

【句意】　三条绳索放在一起拉，不容易一并受力，也无法一并拉紧。

【运用】　用于比喻各人有各人的立场、观点，如果没有形成共识，事情就难以做成。

平潭方言

扫码听音

# 糍搓搓，粿做做

【注释】 糍：用糯米粉做的甜点或用地瓜粉做的包馅食物；粿：用米粉、面粉、薯粉等制成的食品。

【句意】 一会儿搓糍，一会儿做粿。

【运用】 用于讽喻做事不专心，缺乏计划性；也可用于讽喻立场不坚定。

平潭方言

# 兄弟拍到死，
# 固是亲骨肉

扫码听音

【注释】　拍：打架；固是：还是。

【句意】　兄弟之间虽然互相争斗，但最终还是亲骨肉。

【运用】　用于表达兄弟亲情是隔不断的，"兄弟阅于墙，外御其侮"，内部虽有分歧，但能团结起来对付外来的挑战。

平潭方言

扫码听音

# 手掌指拗底莫拗出

【注释】　手掌指：手指头；拗底：向内弯。

【句意】　手指头向内拗不会向外拗，这是客观事实。

【运用】　用于表达应该站稳立场，不要背离自己所属的集体。

平潭方言

# 输人莫输阵

扫码听音

【注释】　莫：不；阵：群体或气势。

【句意】　即使一个人输了，也不能输了气势。

【运用】　用于表达面对大局气势不能输，志气不可馁。个人输了还可以有机会站起来，可一旦气势没了，就垮了。

平潭方言

扫码听音

# 讨草共觑牛齐坐

【注释】　讨草：捡柴火；觑牛：放牛；齐：一起。

【句意】　捡柴火的人跟放牛的人一起闲坐。（旧时讨草是一种生计，捡来的柴火可自用，也可挑至城中售卖，要翻山越岭找寻柴火。而放牛是闲活，只要确保牛不丢失即可。）

【运用】　用于反讽不务正业或没有认清自己的职责使命，没有弄清自己应有的站位立场。

# 犯天条莫犯众口

扫码听音

【注释】　犯：触犯；众口：舆论，众人的言论。

【句意】　宁愿触犯天条，也不要触犯众口。

【运用】　金碑银碑，不如老百姓的口碑，为官做事一定要以百姓的利益为重。

主要收录有关民本、人本思想理念的民谚、俗语。

扫码听音

# 有千年百姓，
# 没百年做官

【句意】　有生生不息、繁衍千年的老百姓，而为
官只是一时的，没有一个人当官能当
一百年。

【运用】　用于表述百姓才是社会繁衍生息的根本，
倡导以民为本、执政为民的理念。

平潭方言

# 福州没嗲普安下

扫码听音

【注释】 福州：喻指外地或大城市；没嗲：不如；
普安下：平潭一地名，喻指故乡、家乡。

【句意】 在福州生活还不如在普安下生活舒适。

【运用】 用于表达故土难离。

平潭方言

扫码听音

# 大石也着细石垫

【注释】 着：要。

【句意】 大块的石头也需要小石头来衬垫。（大石头表面难免凹凸不平，垒砌时如果没有小石头衬垫就不稳固，故有此说。）

【运用】 形容一个人能力再大也需要其他人的帮衬，可用于说明走群众路线、团结他人的重要性。

**平潭方言**

# 艄公真才子，
# 出海人抬举

【注释】　艄公：船老大；才子：泛指经验丰富。

【句意】　船老大虽然有真本事，但还需要其他船夫
　　　　　的支持和帮助。

【运用】　喻指办事需要群众的支持，否则就会孤
　　　　　掌难鸣。意同"一个好汉三个帮"。

扫码听音

# 船过水没痕，
# 兵过篱笆损

【注释】　痕：痕迹。

【句意】　船行驶过后，海面不会留下痕迹；士兵
　　　　　所过之处，即使篱笆也会受损。

【运用】　用于描写战争灾难对百姓生活的破坏，
　　　　　表达和平是全人类的共同愿望。

平潭方言

# 做人着知足，
# 没病就是福

扫码听音

【注释】　着：要。

【句意】　做人要懂得满足，没病没灾就是福气。

【运用】　常用于劝告世人要知足常乐。

# 劝学篇

主要收录有关学习的民谚、俗语。

扫码听音

# 爸奶会，
没嗲自己会

【注释】 奶：母亲；没嗲：不如。

【句意】 父母会，不如自己会。

【运用】 用于说明自己要学会或拥有本领，不要靠父母。

平潭方言

# 食到九十九，
# 事计学獪了

扫码听音

【注释】　事计：事情；獪：不，不会。

【句意】　人即使活到九十九岁，还有学不完的事情。

【运用】　用于表达学无止境。

平潭方言

# 九十九岁
# 固着问一百岁

【注释】 固着：还要。

【句意】 九十九岁的人还要请教一百岁的人。

【运用】 用于阐述活到老学到老，也指一山更比一山高。

**平潭方言**

# 家有千金，
# 没嗲工艺在身

扫码听音

【注释】　没嗲：不如。

【句意】　家里有千两金子，还不如自己有手艺在
　　　　　身。（一个人如果没有一技之长，即使
　　　　　家里有千金，也会坐吃山空。）

【运用】　可用于表达有一技傍身的重要性。

平潭方言

扫码听音

# 一艺在身，
# 獪饿本身

【注释】 艺：手艺；獪：不，不会；本身：自己。

【句意】 有一门手艺在身，自己就不会忍饥挨饿。

【运用】 用于说明学习手艺的重要性。

**平潭方言**

# 没食海水，
# 獪学泅水

扫码听音

【注释】　獪：不，不会；泅水：游泳。

【句意】　不呛海水的人永远学不会游泳。

【运用】　用于表达认识对实践的依赖关系，学习
需要不断地实践和试错，以达到主观和
客观、理论和实践的统一。

平潭方言

扫码听音

# 做别人事，
# 学自己艺

【注释】　艺：手艺。

【句意】　替别人做事情，自己学会了手艺。

【运用】　用于表达为人做事不要过于计较得失，
　　　　　帮助他人也可以增长自己的才干。

平潭方言

# 三年手没动，
# 师傅手也笨

扫码听音

【注释】 三年：泛指长时间。

【句意】 三年时间里不亲自动手，即使是当师傅的，手脚也会显得笨拙不利索了。

【运用】 用于表达知识和技艺要经常温习使用，否则就会生疏。

平潭方言

扫码听音

# 古语没读，一世得咯

【注释】 古语：古人流传下来的俗语、谚语；一世：一辈子；得咯：碌碌无为、无所事事或没出息。

【句意】 不学习古人流传下来的俗语、谚语，或不听老人、长辈或经验丰富的人的话，一辈子就会没有出息。

【运用】 用于劝告为人处事要多听取经验丰富的人的意见或建议。

平潭方言

# 乞食艺也着学

扫码听音

【注释】　乞食：乞丐；着：要。

【句意】　即使是乞丐的技艺也要学习才会的。

【运用】　用于说明学习的重要性。

平潭方言

扫码听音

# 读书着用心，
# 一字值千金

【注释】　着：要；用心：用功。

【句意】　读书学习要用功，到用的时候，一字能
　　　　　值千金（凸显读书的重要性）。

【运用】　用于说明读书学习的重要性。

## 平潭方言

# 江中没三日艺

扫码听音

【注释】　艺：手艺，工艺。

【句意】　从事渔业生产的工作不复杂，没有三天时间还学不会的手艺。

【运用】　用于说明只要肯学习，就没有学不成的手艺或工艺。

扫码听音

# 布袋掼灰，
# 一位一迹

【注释】　掼：提。

【句意】　只要把装着石灰的口袋往地上一放，每处都会留下痕迹。

【运用】　讽喻一个人的恶行，每到一处都会留下劣迹，为人所诟病。

**平潭方言**

好事做过头，
死后名声留；
歹事做过头，
有日目滓流

【注释】　有日：总有一天。目滓：眼泪。

【句意】　多做好事，死后会留下好的名声；坏事
做多了，总有一天会遭到报应，后悔到
流眼泪。

【运用】　用于劝告为人要行善积德，青史留名，
而行恶犯罪，早晚后悔。

平潭方言

扫码听音

# 骗财图快活，
# 害人天责罚

【注释】 图：贪图。

【句意】 骗取别人钱财图自己快活，这种坑害别人的行为是会遭到老天爷惩罚的。

【运用】 用于告诫不要做伤天害理的事情，害人终会害己。

平潭方言

# 容犬爬灶，
# 容仔不孝

扫码听音

【注释】　容：放纵；灶：灶台；仔：孩子。

【句意】　放纵狗，狗就会爬上灶台；放纵孩子，孩子长大后就不会孝敬父母。

【运用】　用于劝告人们不能放纵孩子，应严加管教，否则会酿成不良后果。

扫码听音

# 细汉偷摘瓠，
# 大汉偷牵牛

【注释】　细汉：小孩子；大汉：成年男人。

【句意】　孩子小的时候如果偷摘瓠瓜，长大了就
会偷牛。

【运用】　用于劝告人们孩子有小错就要严加管教，
否则长大后会犯更大的错误。

平潭方言

# 做人嫖赌饮，
# 一世没出身

扫码听音

【注释】　一世：一辈子；没出身：没有出息。

【句意】　一个人如果喜欢吃喝嫖赌，一生都不会
　　　　　有出息。

【运用】　用于劝告世人洁身自好，不要被享乐消
　　　　　磨意志。

平潭方言

扫码听音

# 黄金再贵，
# 斤两那着

【注释】　斤两：数量；那着：还在。

【句意】　黄金的价格再昂贵，但也要有足够的分
　　　　　量，不要短斤少两。

【运用】　用于表达做生意要诚信经营。

平潭方言

# 争银争金，家道獪兴

扫码听音

【注释】 家道：家境情况；獪：不，不会。

【句意】 家族或家人之间如果出现争夺财产的现象，那么这个家族或家庭永远不会兴旺发达。

【运用】 用于表达家人之间要和睦相处，家和万事兴。

扫码听音

# 学人种田好过年，
# 学人使钱乞人嫌

【注释】　使钱：花钱；乞：被，给；嫌：嫌弃。

【句意】　学别人种田，粮食富足了，这一年就会好过；而学别人花钱，坐吃山空，没钱了，就会被人嫌弃。

【运用】　用于表达为人要学好。

平潭方言

# 道义交友一世，酒肉交友一时

扫码听音

【注释】　一世：一辈子。

【句意】　以道义结交的朋友才能长久，靠酒肉建立的友情只能维持一时。

【运用】　用于表达要以德行、情义作为交友的标准。

扫码听音

# 银钱轻轻，
# 名声万金

【句意】　金银钱财不足道，一个人的名声胜过
　　　　万金。

【运用】　用于表达名声无价。

平潭方言

# 一报还一报，
# 再报固煞索

扫码听音

【注释】　固：还要；煞索：厉害。

【句意】　这句俗语有两种理解：一种是一方因为伤害了另一方，当被报复的时候，报复比伤害更厉害；另一种是一个人做坏事是要遭报应的，所遭报应比所做坏事造成的伤害更严重。

【运用】　用于劝告世人要向善。

# 辩证篇

主要收录有关实事求是、矛盾论等哲学思想的民谚、俗语。

扫码听音

# 人少好食饭，
# 人多好做事

【句意】 人少，每个人都吃得饱；人多，力量大，好办事。

【运用】 用于表达事物各有所宜，好坏要视情况而定。

平潭方言

# 拾着金龟害着命

扫码听音

【注释】　拾：捡到；金龟：指金元宝。

【句意】　捡到了金龟（金元宝），却因此丢了一
条性命。

【运用】　用于表达好事也可能产生坏的结果，祸
福相依。

平潭方言

扫码听音

# 单鸡不食米

【注释】　单：单独的。

【句意】　单只鸡连米都不吃。这句俗语的意思是：家里如果只养一只鸡，因为食物充足，它连大米都不吃；如果养一群鸡，它们就会抢着吃。

【运用】　用于表达条件太优越、缺乏竞争的环境反而培养不出优秀的人才。

## 平潭方言

# 老实偷街佛

扫码听音

【注释】　街：捧或端。

【句意】　看起来很老实的人，也可能会偷走佛像。

【运用】　用于说明看问题不能只看表象，不可以貌取人。

平潭方言

扫码听音

# 穷富那差一粒鸡母蛋

【注释】　那差：只差，就差。

【句意】　穷与富之间就差一个鸡蛋。意指平时多积攒或少积攒一个鸡蛋不算什么，但时间长了，积少成多，就可以体现出贫富之间的差距。

【运用】　用于倡导积少成多，注重积累。也可用于阐述质变与量变的辩证关系，量变到一定程度就会产生质变。

**平潭方言**

# 单爿状告死人

扫码听音

【注释】　单爿：只有一方。

【句意】　只有单方提起诉讼，结果把人家给告倒了。意指当事双方或多方只有一方的人告状，如果遇到主事的人偏听偏信，那么另一方就会遭殃。

【运用】　用于表达兼听则明，偏听则暗。只相信单方面的话，必然会犯片面性的错误。

平潭方言

扫码听音

# 会泅会汆做水鬼

【注释】　泅：游水；汆：潜水；做水鬼：溺亡。

【句意】　会游泳和潜水的人往往依仗自己的本事，太过自信，忽视了水中的复杂情况，因此溺亡。

【运用】　用于表达认识和实践永无止境。本领再高强、经验再丰富，也有应付不了的场合，要保持对未知的敬畏和对意外的忧患意识。

**平潭方言**

# 麦贵，
# 食饼人出钱

扫码听音

【注释】　贵：价钱高。

【句意】　麦子的价格高，费用是由吃饼的人来支付的。

【运用】　用法同"羊毛出在羊身上"。

扫码听音

# 伹伹鸡仔过三冬

【注释】 伹伹：萎靡不振；鸡仔：小鸡。

【句意】 萎靡不振的小鸡能经历三个寒冬的考验。

【运用】 用于表达貌似柔弱或其貌不扬的事物有时反而更具有生命力。

平潭方言

# 老酒淀瓮底

扫码听音

【注释】 老酒：好的酒，陈酿；淀：下沉；瓮：
酒缸。

【句意】 沉在酒缸底部的酒更浓更香。

【运用】 用于表达好事物往往在最后才出现。

# 方略篇

主要收录表达按客观规律办事、有技巧地办事等科学工作方法的民谚、俗语。

扫码听音

# 卟着棰，卟着摞

【注释】　卟着……卟着……：既要……又要……；棰：小竹竿；摞：抚摸。

【句意】　既需要用小竹竿敲打，又需要用手抚摸。这句俗语多指用人的方式方法，既要施以压力加以鞭策，又要鼓励安抚调动其积极性。

【运用】　用于表达用人要宽严相济或恩威并施。

平潭方言

# 三十暝晡学拳头，
# 初一早赶使

扫码听音

【注释】　三十暝晡：大年三十晚上；拳头：武功
　　　　　或功夫；赶使：赶着用。

【句意】　大年三十晚上刚学的武功，初一早上就
　　　　　要派上用场，赶着使用。

【运用】　用于讽喻事到临头才下功夫，临阵磨枪
　　　　　或临时抱佛脚。

扫码听音

# 水破一路流

【注释】　破：劈开，此处指挖开田埂，放水排灌。

【句意】　挖开田埂，水自然会一路流下去。

【运用】　用于表达要抓住主要矛盾，从源头解决问题。

平潭方言

# 有花插头前

扫码听音

【注释】 头前：前面。

【句意】 花朵应该插在别人看得见的地方。

【运用】 比喻要善于表达美好的、善意的一面。

平潭方言

扫码听音

# 会算桧除网，
# 大闹看秤星

【注释】 桧：不，不会；网：陪秤的工具；闹：
秤纽，分为大纽和小纽，大闹（纽）在前，
以斤为单位，用于一斤以上货品的计重；
小闹（纽）在后，以两为单位，用于一
斤以下货品的计重；秤星：秤杆上用于
标量的星点，配套大闹使用，若是使用
小闹计重，则用秤杆侧面边星来计量。

【句意】 前半句反讽虽然看似算计得很精明，但
是连秤盘自重都没有扣除；后半句指使
用大闹时应看秤星（而不能看边星），
否则结果重量差别很大。

【运用】 用于表达看问题要抓住关键环节，抓住
主要矛盾或矛盾的主要方面，同时也不
能忽略细节。

平潭方言

# 比正正，
# 凿歪歪

扫码听音

【注释】　比：比较，衡量。

【句意】　做木匠活的时候，本来依照尺寸比对好了，结果却凿歪了。

【运用】　用于表达计划很好，结果却办糟了。

扫码听音

# 家私全，
# 功夫半

【注释】 家私：工具。

【句意】 工具配备齐全了，就等于省了一半的功夫。

【运用】 用于表达条件完备了，事情做起来就容易。

平潭方言

# 教别人做饼，
# 自饼敆炉

扫码听音

【注释】 自饼：自己做的饼；敆炉：卡在烤炉里烧焦。

【句意】 教别人如何做好饼，结果自己的饼却卡在烤炉里烧焦了。"自饼敆炉"也作"自饼败炉"。

【运用】 用于反讽好为人师、自作聪明而不自省。

平潭方言

扫码听音

# 慢船早起碇

【注释】　起碇：起锚开船。

【句意】　速度慢的船就要早点起锚开船（才能赶上鱼汛或及时靠岸）。

【运用】　意同"笨鸟先飞"。

平潭方言

# 拍石看石纹，
# 拍铁看火色

扫码听音

【注释】　拍石：采石；拍铁：打铁。

【句意】　采石要看石头的纹路，打铁要看火候。
采石要顺着石头的纹路开采才能事半功
倍，打铁掌握火候才不会白费劲。

【运用】　用于表达办事要根据实际情况，尊重客
观规律，把握好时机，才能事半功倍。

平潭方言

扫码听音

# 讨海看水色，
# 做园看季节

【注释】 讨海：出海捕鱼，从事渔业生产；看水色：
观察海水颜色，指看海况；做园：耕地，
从事农业生产。

【句意】 出海捕鱼，从事渔业生产，要看海水的
颜色；耕田种地，从事农业生产，要看
季节。

【运用】 用于表达做事要观察形势，因势利导，
见机行事，而不是盲干蛮干。

**平潭方言**

# 过头饭会食，
# 过头话獪讲

扫码听音

【注释】 过头饭：过量的饭；会：可以；獪：不，
不要。

【句意】 过量的饭可以吃，但过头的话不能讲。

【运用】 用于表达说话要留有余地。

平潭方言

扫码听音

# 斤米养恩，斗米养仇

【注释】 斤米：一斤大米；斗米：一斗大米。

【句意】 一斤米可以养出感恩的人，一斗米反而养出个仇人。一斤米可救急，使人感恩，但是再给一斗大米，却容易助长他人懒惰、依赖和贪婪的心理，产生怨怼，以致反目成仇。

【运用】 用于表达做好事也要掌握分寸，若做过头，就容易让人以为是天经地义、理所当然。如此一来，他们在无法自力更生的同时，反而心生不满。

# 卟知环境好，
# 就着多栽树

扫码听音

【注释】　卟：要；知：得到；着：要。

【句意】　要想环境好，就要多植树。

【运用】　用于说明植树造林对生态环境的重要性。

主要收录说明保护生态和可持续发展重要性的民谚、俗语。

扫码听音

# 宁可饿半死，
# 不可食种籽

【注释】　种籽：种子。

【句意】　宁可饿肚子，也不要吃种子。种子是来年耕种收获的根本和希望，吃了种子，不仅误了来年的耕种，也断了来年的生活出路。

【运用】　用于说明种子对可持续生产的重要性。

平潭方言

三分种，
七分管；
只种不管，
拍破饭碗

【注释】　拍破饭碗：没有饭吃。

【句意】　农事耕作过程三分靠播种，七分靠田间
　　　　　管理。如果只种不管，那么农作物将歉收，
　　　　　农民也将没饭吃。

【运用】　用于说明田间管理比播种重要，也可喻
　　　　　指后期跟进维护比前期投入重要。

平潭方言

# 十月小阳春，
# 三菜都遭殃

扫码听音

【注释】 三菜：指紫菜、海带和鹅掌菜；遭殃：
受损。

【句意】 如果十月份出现小阳春天气，那么紫菜、
海带和鹅掌菜都会遭受损失。紫菜、海
带和鹅掌菜等藻类植物适宜在低温的海
域生长。小阳春天气预示着海水温度升
高，这些藻类会腐烂，故有此说。

【运用】 用于说明自然环境变化对生产生活有重
大影响。

## 平潭方言

# 本地牛食本地草

扫码听音

【句意】　本地的牛只吃本地的草。

【运用】　常用于形容人对自己家乡的事物接受程度更高或更加应付自如，一方水土养一方人。

平潭方言

扫码听音

# 白露过,
# 有钱买没货

【注释】　买没货：买不到货物。

【句意】　白露一过,有钱也买不到货物。

【运用】　通过说明冬季平潭物产资源少的现象,
　　　　　表达应掌握生态物产的规律。

平潭方言

# 海水发光，
# 明旦做风

扫码听音

【注释】　明旦：明日；做风：刮大风。

【句意】　海水一旦发出光亮，预示着第二天会刮大风。

【运用】　提倡观察自然界的变化，以掌握天气变化规律，有利于生产生活。

平潭方言

扫码听音

# 九月九瓮风，
# 十月小阳春

【注释】　九瓮风：九月开始的东北季风，也说成
　　　　　"九降风"。

【句意】　在平潭，九月份如果刮起东北季风，十
　　　　　月份就会出现阳春三月的暖和天气。

【运用】　除了描述气候规律，也可用于说明事态
　　　　　如天气，看起来不好，却有可能转化为
　　　　　好的。

平潭方言

# 海上没六月

扫码听音

【句意】 海上没有六月的气候。意即海上风大，
天气多变，要谨慎小心。

【运用】 用于表达面对自然环境的变幻无常，小
心无过错。

平潭方言

扫码听音

# 白露拍白礁,
# 紫菜会堆篮

【注释】 拍白：（在礁石上）刷石灰；礁：礁石；
堆篮：堆成一篮子，表示收获。

【句意】 白露时节在礁石上撒石灰，紫菜就会收
获。紫菜生长季节前，用白灰刷在礁石上，
用以防止病虫害，紫菜长势良好。

【运用】 喻指在适当的时机，要做适当的事。

平潭方言

# 风煞砧板声，
# 风透啼嘛声

扫码听音

【注释】　风煞：风小；啼嘛：哭。

【句意】　风平浪静之时，渔民出海打鱼收获回家，家家户户杀鱼做饭，砧板声响起，其乐融融；风大浪高之时，渔民出海经常面临危险，可能船翻人亡，听到的就是哭声。

【运用】　用于形容海况对渔民生命财产的重大影响。

扫码听音

# 本事没嗲实事

【注释】 没嗲：不如。

【句意】 有本事不如干实事。意指有本事的人不一定就能办好事、办成事，只有实实在在干事才能办好事、办成事。

【运用】 用于表达为人处事要踏实肯干，一步一个脚印。

平潭方言

# 卜想人巧，
# 自己动手

扫码听音

【注释】　卜：想要。

【句意】　要想成为心灵手巧的人，必须自己动手，
　　　　　亲自参与实践活动，不断锻炼，才能达
　　　　　到目的。

【运用】　用于表达实践出真知。

平潭方言

# 暝晡思量拍天下，
# 日中匿在灶腹下

【注释】 暝晡：夜晚；拍：打；日中：白天；匿：隐藏。

【句意】 晚上想着打天下、干大事，白天却躲藏在灶台下（泛指隐秘的地方），什么事也不干。

【运用】 用于反讽喜欢空谈妄想却不付诸行动，不切实际。

**平潭方言**

# 眼过千遍，
# 没嗲手过一遍

扫码听音

【注释】　没嗲：不如。

【句意】　眼睛看过千遍，还不如亲自动手做一遍。

【运用】　强调知行合一，倡导通过实践加深对知识的掌握。

**平潭方言**

扫码听音

人没惊穷，
那惊骀勤；
人没惊惨，
那惊人懒

【注释】　惊：害怕；那：就；骀：不；惨：贫困。

【句意】　一个人不怕贫穷，就怕他（她）好吃懒
做不勤劳。

【运用】　表达为人要勤劳致富，不要四体不勤。

平潭方言

# 惊风卜惊雨，
# 没柴没米煮

扫码听音

【注释】　惊：害怕；卜：又。

【句意】　又怕风又怕雨的人，家庭生活必然困难，既没柴烧火，也没米下锅。

【运用】　用于表达只有辛勤劳作、不怕吃苦，才能有收获，天上不会掉馅饼。

平潭方言

扫码听音

# 赚钱流汗,
# 食千使万

【注释】　食千使万:吃穿用度无忧。

【句意】　只要辛勤劳作,付出汗水去赚钱,就可
　　　　　以保障家庭吃穿用度,做到衣食无忧。

【运用】　用于表达只有勤劳爱拼,才能保障家里
　　　　　衣食无忧。

平潭方言

# 投亲靠友，
# 没嗲自己动手

扫码听音

【注释】 没嗲：不如。

【句意】 投靠亲朋好友或靠亲朋好友接济，不如
自己动手，依靠自己，这样才能丰衣足食。

【运用】 投靠亲朋好友或靠亲朋好友接济，只能
解决一时之需；要想过上好日子，还得
自力更生。

平潭方言

扫码听音

# 镰刀挂壁，
# 腹佬贴壁

【注释】　镰刀挂壁：泛指不劳动的人；腹佬：肚
　　　　　子；贴壁：忍饥挨饿。

【句意】　不参加生产劳动的人，只能忍饥挨饿。

【运用】　用于表达不劳动者不得食。

平潭方言

# 穷田园也强富亲家

扫码听音

【注释】　穷田园：收成差的耕地；强：胜过。

【句意】　自己的田园即使收成差，也比经常接受富有亲家的接济强多了。

【运用】　用于表达凡事要靠自己，不能将希望寄托在别人身上。

平潭方言

扫码听音

# 生意钱没嗲田园钱

【注释】　没嗲：不如。

【句意】　做生意得来的钱不如耕作得来的钱实在。

【运用】　做生意有赔有赚，存在风险，而耕作有
　　　　　耕种就有收获，钱来得实在。表达要脚
　　　　　踏实地，不要总是做风险大的事。

平潭方言

# 食饭莫安闲，
# 安闲莫食饭

扫码听音

【注释】　莫：不要。

【句意】　要想吃饭就没有安闲自在，必须付出劳动；总想安闲自在就没有饭吃。

【运用】　用于表达不要想着不劳而获，幸福都是奋斗出来的。

扫码听音

# 拾鲎饿死爸，破蛎养郎爸

【注释】 鲎：甲壳类海洋生物，肉可食；破蛎：剥海蛎；郎爸：父亲。

【句意】 捡到鲎反而饿死了父亲，而靠剥海蛎为生可以养活父亲。意指在海边捡到鲎的人抱着侥幸心理，天天等着靠捡鲎来维持生活，结果无以为继，饿死了父亲；而靠剥海蛎为生的人，虽然收入低，但天天有收入，生活有基本保障，可以养活父亲。

【运用】 用于表达靠运气可能一时获利，但不可倚恃，而稳健踏实的劳作虽获利不丰厚，却可以作为安身立命之本。

平潭方言

# 人勤地出宝，
# 人懒地生草

扫码听音

【注释】　出宝：有收获。

【句意】　一个人要辛勤劳作，土地上才能收获；
而一旦懒惰，地上就只能长出杂草。

【运用】　用于表达有耕耘才有收获。

# 廉洁篇

主要收录表达廉洁从政重要性的民谚、俗语。

扫码听音

# 贪大挟着骨

【注释】　挟：夹起。

【句意】　看着锅里煮的食物，因贪心想挑一块大的，结果夹到一块大骨头，无法食用。

【运用】　用于表达为人不要有贪念。

平潭方言

# 贪食牛姆嘎兜烂坑

扫码听音

【注释】　嘎兜：掉进；烂坑：沼泽地中的烂泥潭。

【句意】　母牛因为贪吃水草掉进沼泽地中的烂泥潭里。

【运用】　用于表达贪婪的后果很可能是掉入万劫不复的深渊。

平潭方言

扫码听音

# 一日一头猪，
# 食了固会思

【注释】　固：还；思：思念。

【句意】　一天吃一头猪，吃过还会念想，还想吃。

【运用】　用于讽喻人心不足，贪欲无止境。

**平潭方言**

# 食人一杯酒，
# 心肝结一纽；
# 食人一杯茶，
# 心里麻只渣

扫码听音

【注释】　麻只渣：感觉不安。

【句意】　喝别人的一杯酒或喝别人的一杯茶，总觉得欠别人的人情，心里结着一个疙瘩，或感觉惴惴不安。

【运用】　用于告诫人情债难还，得了别人的好处，就难免要为别人办事，容易违背原则甚至违法乱纪。意同"拿人手短，吃人嘴软"。

**平潭方言**

扫码听音

# 难食没事酒，
# 难欠人情债

【注释】　没事酒：没有缘由地请喝酒。

【句意】　没有事情或没有缘由的酒难喝，欠的人情难还。

【运用】　用于表达在与他人交往中要厘清交往界线，做到慎始、慎独、慎微，心存敬畏、行有所止。

平潭方言

# 当官开后门，
# 百姓摸没门

扫码听音

【注释】　摸没门：摸不到门路。

【句意】　如果当官的人开后门，不公正办事，老百姓办事就摸不着门（事情难办）。

【运用】　用于表达贪腐行为危害百姓。

扫码听音

# 天地有目睭

【注释】　目睭：眼睛。

【句意】　天地有眼睛。

【运用】　用法近"人在做，天在看""天网恢恢，疏而不漏"。

## 平潭方言

# 贪食鲀鼓去条命

扫码听音

【注释】　鲀鼓：河豚，味道鲜美，但有毒性，误食会导致中毒甚至丧命。

【句意】　因贪吃河豚丢了性命。

【运用】　用于讽刺贪图一时的满足而不计后果的行为。

平潭方言

扫码听音

# 鸭蛋再密，
# 三十日也会出孵

【注释】　出孵：孵出（小鸭）。

【句意】　鸭蛋虽然密不透风，但三十天后还是会孵出小鸭的。

【运用】　用法近"纸包不住火"；也可指只要条件具备，终究会有结果。

## 平潭方言

# 关门恰强关嘴

扫码听音

【注释】 恰强：比……强，强于；关嘴：此处为平息纠纷之意。

【句意】 关好门户，免得因为失盗，引起邻里纠纷。

【运用】 用于阐述提前查找封堵风险点、扎紧制度的笼子，强过造成损失后追究责任。

# 后 记

　　谚语是广大人民群众在漫长的生产生活中不断总结和凝炼的语言。其俗在于"通"，因为由经验而来，说的是身边事物，借喻来自日常，所以有情趣、通人情，因而更能让人会心；其雅在于"理"，因为要表达更加普遍的意义和推广更加核心的价值，所以借以传道、论道、说道，因而引人入胜，发人深省。人民群众就是这样在日常交谈、交往中传递着对真、善、美的理解与追求。中华文化精神和社会核心价值观就是依托这样的载体，为人民群众日用不绝，甚至不觉。

　　福建地处我国东南，在长期的历史演进中，区域文化形成的生活经验、风土人情、习俗观念等大量信息作为文化基因沉淀在方言谚语、俗语之中。这些看似零碎、朴实，实则洗练、深刻的民谚俗语，凝结着闽人在千百年来形成的经验知识、社会规矩、人生启示、朴素思辨，携带着恒久的群体记忆和广泛的思想认同，承载着悠久而璀璨的"闽人智慧"。在用来析事明理时，运用一两句经典民谚俗语，往往能够起到迅速引发共鸣、令人心领神会的效果。

　　福建省委宣传部、省委讲师团组织编写的"闽人智慧：言之有理"丛书，将那些闪耀哲理光芒、富有理论魅力、契合新时代精神的民谚俗语收集、提取出来，并进行融媒体加工，通过深入的调查研究，去粗存精、好中选优，让它们世世代代传承下去。

考虑到福建方言具有多中心的特点，丛书以全省九个设区市及平潭综合实验区作为方言代表点，编写十本分册，每本分册对当地主要方言谚语都有收集。册内篇章分信念、立场、民本、劝学、为善、辩证、方略、生态、笃行、廉洁十个篇目，便于读者使用。

著名方言专家、福建师范大学文学院原教授、博士生导师陈泽平担任丛书的策划、审订工作。在全省各地党委宣传部门、党委讲师团和各地方言专家、学者的协同努力下，编委会选定了近千条具有浓厚方言特色和时代意义的民谚条目，并进行篇目分类，组织编写注释、句意和运用。遗憾的是，陈泽平教授在完成书稿审订工作后不久因病辞世。

我们还邀请各地方言专家为所有方言条目录制慢速和正常语速两种音频，在书中每个方言条目边上配二维码，使之更加便于读者的学习使用。由于各地方言的特殊性，能读懂、读清楚这些方言的专家年纪都不小，有的专家虽然行动不便，仍坚持在录音棚里一遍遍地录音，直到录得满意的音频。书稿编辑完成后，著名语言学家、厦门大学中国语言文学系教授、博士生导师、福建省语言学会原会长李如龙和著名文史学家、福建省文史研究馆原馆长卢美松分别从方言学角度和文史学、社会学等角度对丛书给予充分肯定并向广大读者推荐本丛书。在此，我们向以上专家对本书作出的贡献表示诚挚的感谢，对作出重要贡献却未能见到本丛书面世的陈泽平教授表示深切缅怀。

相信本丛书的出版对于广大读者从方言谚语中了解当地习俗典故、传承优秀传统文化、习得"闽人智慧"和增强文化自信，都具有现实意义。

由于福建方言繁复而庞杂，即使在同一方言区里，不同县市、乡镇的方言也各有差异，囿于篇幅，书中存在的不足和疏漏之处，敬请大家批评指正。

本书编委会

2023 年 12 月

# 鸣　谢

　　"闽人智慧：言之有理"丛书在编写过程中得到了各设区市党委宣传部、讲师团和平潭综合实验区党工委宣传与影视发展部的大力支持！参与本丛书编写、修改或音频录制工作的人员名单如下：

**福州卷**

陈日官　　张启强　　高迎霞　　张　武　　黄　晓
蔡国妹　　陈则东　　唐若石　　许博昕　　林　静

**厦门卷**

周长楫　　刘宏宇　　江　鹏　　张　琰　　柯雯琼

**漳州卷**

黄瑞土　　王叶青　　郭外青　　蔡榕泓

**泉州卷**

郭丹红　　郭焕昆　　蔡俊彬　　林达榜　　吴明兴
熊小敏　　王建设　　蔡湘江　　朱媞媞

**三明卷**

肖永贵　　邓衍淼　　邓享璋　　肖平军　　夏　敏
邓丽丽　　陈　卓　　邱泽忠　　陈　丹　　林生钟

**莆田卷**

苏志军　　刘福铸　　林慧轻　　林　杰　　林盈彬
黄　键

**南平卷**

肖红兵　黎　玲　黄新阳　吴传剑　黄秀权

程　玲　徐　敏　黄丽娟　祝　熹　杨家茂

林培娜　徐跃红　徐文亮　吴雪灏　陈灼英

施　洁　谢元清　郑丽娜　姜　立　谢梦婷

**龙岩卷**

陈汉强　杨培武　陈大富　苏志强　谢绍添

**宁德卷**

王春福　吴海东　罗承晋　林毓秀　林毓华

钟神滔　吴德育　陈玉新　刘文杰

**平潭卷**

詹立新　李积安　林贤雄　林祥鹭

特此致谢！

本书编委会

2023 年 12 月

图书在版编目（CIP）数据

闽人智慧：言之有理.平潭卷／中共福建省委宣传部，中共
福建省委讲师团编.--福州：福建人民出版社，2023.12
　　ISBN 978-7-211-08862-1

Ⅰ.①闽…　Ⅱ.①中…　②中…　Ⅲ.①汉语方言—
俗语—汇编—平潭县　Ⅳ.①H17

中国版本图书馆 CIP 数据核字（2022）第 051787 号

闽人智慧：言之有理（10 册）
MINREN ZHIHUI：YANZHI YOULI

作　　者：中共福建省委宣传部　中共福建省委讲师团
责任编辑：周跃进　李雯婷　孙　颖
美术编辑：白　玫
责任校对：林乔楠
出版发行：福建人民出版社　　　　　　电　　话：0591-87533169（发行部）
地　　址：福州市东水路 76 号　　　　邮　　编：350001
网　　址：http://www.fjpph.com　　电子邮箱：fjpph7211@126.com
经　　销：福建新华发行（集团）有限责任公司
装帧设计：雅昌（深圳）设计中心　冼玉梅
印　　刷：雅昌文化（集团）有限公司
地　　址：深圳市南山区深云路 19 号
电　　话：0755-86083235
开　　本：889 毫米×1194 毫米　　1/32
印　　张：37.25
字　　数：255 千字
版　　次：2023 年 12 月第 1 版　　2023 年 12 月第 1 次印刷
书　　号：ISBN 978-7-211-08862-1
定　　价：268.00 元（全 10 册）

本书如有印装质量问题，影响阅读，请直接向承印厂调换。